PRIMARY SOURCES OF
FAMOUS PEOPLE IN AMERICAN HISTORY™

JOHN SUTTER

CALIFORNIA PIONEER
PIONERO DE CALIFORNIA

CHRIS HAYHURST

TRADUCCIÓN AL ESPAÑOL:
EIDA DE LA VEGA

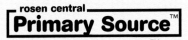

rosen central
Primary Source™
Editorial Buenas Letras™

The Rosen Publishing Group, Inc., New York

Published in 2004 by The Rosen Publishing Group, Inc.
29 East 21st Street, New York, NY 10010

First Bilingual Edition 2004
First English Edition 2004

Cataloging Data

Hayhurst, Chris.
John Sutter / Christopher Hayhurst; translation into Spanish Eida de la Vega.— 1st ed.
    p. cm. — (Primary Sources of famous people in American history)
Summary: Surveys the life of Swiss/German immigrant John Sutter, on whose land
gold was discovered in the mid-nineteenth century, spurring the California gold rush
and westward expansion.
Includes bibliographical references (p.) and index.
ISBN 0-8239-4162-0 (lib. bdg.)
1. Sutter, John Augustus, 1803-1880—Juvenile literature. 2. Pioneers—California—
Biography—Juvenile literature. 3. Swiss Americans—California—Biography—Juvenile
literature. 4. California—Gold discoveries—Juvenile literature. 5. California—History—
1846-1850—Juvenile literature. 6. Sutter's Fort (Sacramento, Calif.)—Juvenile literature.
[1. Sutter, John Augustus, 1803-1880. 2. Spanish Language Materials—Bilingual
3. Pioneers. 4. California—History—To 1846. 5. California—History—1846-1850.]
I. Title. II. Series.
F865.S93H395 2003
979.4'04'092—dc21

Manufactured in the United States of America

Photo credits: cover California Department of Parks and Recreation; p. 5 © Hulton-Deutsch Collection/Corbis;
pp. 7, 25, 27 Culver Pictures; p. 9 © Gianni Dagli Orti/Corbis; p. 11 The Phelps Stokes Collection, Miriam and Ira
D. Wallach Division of Art, Prints and Photographs, The New York Public Library, Astor, Lenox, and Tilden
Foundations; p. 13 courtesy of the Rare Books and Manuscripts Collection, The New York Public Library, Astor,
Lenox, and Tilden Foundations; p. 15 Library of Congress, Geography and Map Division; p. 17 Library of
Congress, Prints & Photographs Division, HABS, CAL,34-SAC,57-17; p. 19 Library of Congress Prints &
Photographs Division; pp. 21, 23 © Hulton/Archive/Getty Images; p. 29 © Lowell Georgia/Corbis.

Designer: Thomas Forget; Photo Researchers: Rebecca Anguin-Cohen and Peter Tomlinson

CONTENTS

CONTENIDO

1 THE WORLD WELCOMES AN ADVENTURER

John Sutter was born on February 15, 1803, in a German town called Baden. Most of John's family was from Switzerland.

In 1818, John's parents sent him to Switzerland to go to school. When he was finished, he moved to the Swiss city of Basel. One day he met a woman named Anna Dübeld and fell in love.

---

1 EL MUNDO RECIBE A UN AVENTURERO

John Sutter nació el 15 de febrero de 1803, en un pueblo alemán llamado Baden. Casi toda la familia de John era de Suiza.

En 1818, los padres de John lo enviaron a estudiar a Suiza. Cuando terminó, se mudó a la ciudad suiza de Basel. Un día, conoció a una mujer llamada Anna Dübeld y se enamoró.

A view of Basel, Switzerland, on the Rhine River

Una vista de Basel, Suiza, junto al río Rin

John and Anna were married in 1826. They immediately began raising a family. To make money, John worked as a printer. Unfortunately, he did not do well. Soon John owed people lots of money.

John y Anna se casaron en 1826. Casi enseguida empezaron a tener hijos.

Para ganar dinero, John trabajó como impresor. Desafortunadamente, no le fue bien. Pronto se llenó de deudas.

John Sutter in his Swiss army uniform

John Sutter en su uniforme del ejército suizo

In 1828, Sutter volunteered for the Swiss army. By 1834, Sutter owed so much he feared he would be arrested. To escape the police, he left Anna and the children and sailed for the United States. He hoped he would find wealth in the New World.

En 1828, Sutter ingresó de voluntario en el ejército suizo. En 1834, Sutter tenía tantas deudas que temía ser arrestado. Para escapar de la policía, dejó a Anna y a los niños y zarpó hacia los Estados Unidos. Esperaba hacerse rico en el Nuevo Mundo.

Soldiers in the Swiss army in the early nineteenth century

Soldados del ejército suizo a principios del siglo XIX

2 AMERICA

Sutter's ship docked in New York in July 1834. He began traveling west. Sutter told people he was an officer in the Swiss army. "Call me Captain John Sutter," he said, even though he was not a captain. His first stop was in Missouri. He was low on cash, so he sold some of his possessions. He took the money he made to buy goods he could trade.

---

2 AMÉRICA

El barco donde viajaba Sutter llegó a Nueva York en julio de 1834. Sutter decidió viajar hacia el oeste haciéndose pasar por oficial del ejército suizo. "Llámenme capitán Sutter", dijo, aunque en realidad no era capitán. Su primera parada fue en Missouri. Casi no tenía dinero, así que vendió algunas de sus posesiones. Utilizó el dinero para comprar mercancías para, más tarde, comerciar con ellas.

Ships in New York Harbor. Sutter arrived in 1834.

Barcos en la bahía de Nueva York. Sutter llegó en 1834.

"Captain Sutter" was a natural at the trading business. He traveled from Missouri to the Mexican town of Santa Fe. There he traded goods for valuables like mules. Back in Missouri, the animals were worth lots of money.

El "capitán Sutter" tenía talento para el comercio. Viajó de Missouri al pueblo mexicano de Santa Fe. Allí cambió sus mercancías por otras de más valor, como mulas. En Missouri estos animales costaban mucho dinero.

Missouri traders rolling along the Santa Fe Trail
Comerciantes de Missouri viajando por la Ruta de Santa Fe

Sutter's wealth grew. But some people accused him of cheating and stealing. Sutter promised he would pay everyone back. But he never did. One day in 1838, he decided to leave town for good. He packed his bags and headed for California. California was then part of Mexico. Sutter would start a colony of settlers and become rich.

La riqueza de Sutter creció. Pero algunas personas lo acusaron de engañar y robar. Sutter prometió que pagaría todas sus deudas, pero nunca lo hizo. Un día de 1838 decidió abandonar la ciudad. Hizo sus maletas y se dirigió a California. En aquel entonces, California pertenecía a México. Sutter quería fundar una colonia y hacerse rico.

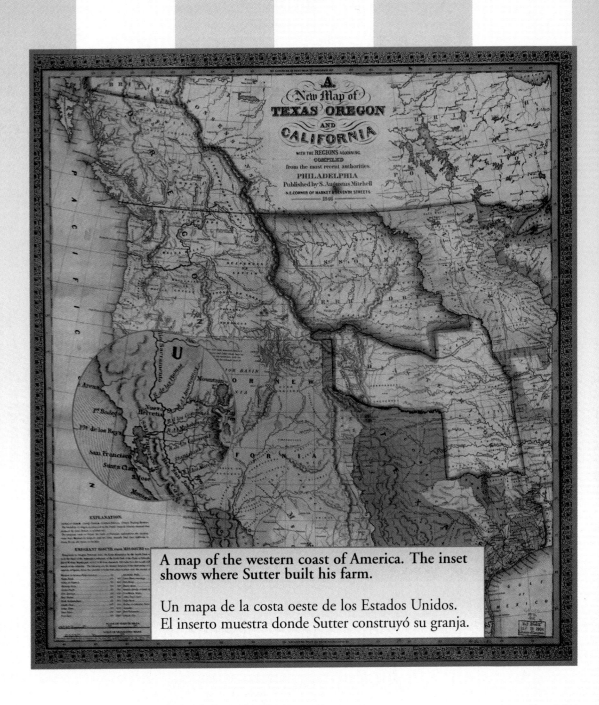

A map of the western coast of America. The inset shows where Sutter built his farm.

Un mapa de la costa oeste de los Estados Unidos. El inserto muestra donde Sutter construyó su granja.

3 A DREAM COMES TRUE

In 1839, Sutter's journey west led him to Monterey. Monterey was the capital of California. Monterey's governor gave him permission to build his settlement. He showed Sutter a map. He pointed to a spot along the Sacramento River. There were Native Americans there, but there were also nearly 50,000 acres of land.

---

3 UN SUEÑO SE HACE REALIDAD

En 1839, el viaje de Sutter hacia el oeste lo condujo a Monterey. Monterey era la capital de California. El gobernador de Monterey le dio permiso para construir una colonia. Le mostró un mapa a Sutter y, en él, le señaló una franja a lo largo del río Sacramento. En ese territorio vivían nativos americanos, pero si Sutter conseguía instalarse allí, los 50,000 acres de tierra serían suyos.

This is Sutter's Fort, New Helvetia.

Éste es el Fuerte Sutter en Nueva Helvetia.

Sutter named the area New Helvetia. Using Native Americans and other laborers, he built Sutter's Fort. Soon his colony had farms and thousands of cattle, horses, and sheep.

Sutter called for more settlers to join the colony. He promised those who would stay that they could have work and free land.

Sutter bautizó el área como Nueva Helvetia. Utilizó nativos americanos y otros trabajadores para construir el Fuerte Sutter. Pronto su colonia tuvo granjas y miles de cabezas de ganado vacuno, caballos y ovejas.

Sutter convocó a más colonos a que se le unieran. Les prometió que tendrían trabajo y tierra gratis.

Lithograph of Sutter's Fort in 1849

Litografía del Fuerte Sutter en 1849

In 1846, war broke out between the United States and Mexico. Near the war's end, the United States took control of California. It would be easier for Americans to move west. Sutter invited settlers to come to New Helvetia. But then something happened that would change his life forever.

En 1846, estalló la guerra entre Estados Unidos y México. Cuando terminó la guerra, Estados Unidos tomó el control de California. Resultaba más fácil a los estadounidenses mudarse al oeste. Sutter invitó a los colonos a Nueva Helvetia. Pero entonces sucedió algo que iba a cambiar su vida para siempre.

American troops during the Mexican-American War

Tropas estadounidenses durante la guerra entre México y Estados Unidos

4 GOLD!

One day a carpenter who worked for Sutter looked down and saw what looked like gold. He took the gold to Sutter. Sutter told the worker to keep the discovery a secret. The secret got out. Soon word of the gold spread to San Francisco. The Gold Rush was on. People from all over rushed to California.

---

4 ¡ORO!

Un día, un carpintero que trabajaba para Sutter miró al suelo y vió algo que parecía oro. Sutter le pidió que mantuviera en secreto el descubrimiento. Pero el secreto se divulgó. Pronto, la noticia de que había oro llegó a San Francisco. Había comenzado la Fiebre del Oro. Gente de todas partes empezó a llegar a California.

Men panning for gold in California

Éstos hombres lavan oro en California

23

New Helvetia was overrun by thousands of people. Sutter's workers left him to look for gold. His colony was nearly destroyed in the frenzy. In 1849, Sutter abandoned his fort and moved to a farm.

Miles de personas llegaron a Nueva Helvetia buscando oro. La colonia casi se destruyó en este frenesí. Todos los trabajadores de Sutter se marcharon para ir a buscar oro. En 1849, Sutter abandonó el fuerte y se mudó a una granja.

A picture of the farm Sutter moved to after he abandoned New Helvetia. He did not profit from the Gold Rush.
Esta es la granja a la que se mudó Sutter después de Nueva Helvetia. Sutter no ganó dinero con la Fiebre del Oro.

Finally, in 1850, Sutter's family came to the United States. They thought he would be living in luxury. Instead, he was a failed businessman. Captain Sutter was financially ruined.

Finalmente, en 1850, la familia de Sutter llegó a Estados Unidos. Su familia pensaba que él vivía en lujo. En cambio, lo encontraron en la quiebra. El capitán Sutter había perdido toda su riqueza.

John Sutter late in his life, after bankruptcy and retirement

John Sutter al final de su vida, tras la bancarrota y el retiro

Sutter spent the rest of his life trying to repay his debts. In 1865, the Sutters' house burned down. John and Anna decided to leave California. They moved to Washington, D.C., and then to Lititz, Pennsylvania. On June 18, 1880, John died. Anna died six months later. Today their graves can be found in a small cemetery in Lititz.

Sutter pasó el resto de su vida tratando de pagar sus deudas. En 1865, la casa de los Sutter se quemó. John y Anna decidieron abandonar California. Se mudaron a Washington D.C., y de ahí a Lititz, Pensilvania. El 18 de junio de 1880, John murió. Anna murió seis meses más tarde. Hoy pueden visitarse sus tumbas en un pequeño cementerio de Lititz.

A modern reconstruction of Sutter's Fort
near Sacramento, California

Una moderna reconstrucción del Fuerte
Sutter, cerca de Sacramento, California

29

TIMELINE

1803–John Sutter is born.

1828–Sutter volunteers for service in the Swiss army.

1834–Sutter arrives in the United States and travels west.

1839–Sutter arrives in Monterey, California, and starts his settlement.

1846–The Mexican-American War begins.

1880–Sutter dies at the age of 76.

CRONOLOGÍA

1803–Nace John Sutter.

1828–Sutter se alista en el ejército suizo.

1834–Sutter llega a Estados Unidos y viaja hacia el oeste.

1839–Sutter llega a Monterey, California, y funda su colonia.

1846–Comienza la guerra entre México y Estados Unidos.

1880–Sutter muere a la edad de 76 años.

GLOSSARY

colony (KAH-luh-nee) A group of people living in a new place.
Europe (YOOR-uhp) One of the seven continents.
financial (fy-NAN-shuhl) Having to do with money.
frenzy (FREHN-zee) Wild activity.
officer (AW-fih-sur) A person in charge of lower-ranking troops.
volunteer (vah-lun-TEER) A person who works for free or agrees
   to perform a task.

WEB SITES

Due to the changing nature of Internet links, the Rosen Publishing Group, Inc., has
developed an online list of Web sites related to the subject of this book. This site is
updated regularly. Please use this link to access the list:

http://www.rosenlinks.com/fpah/jsut

GLOSARIO

colonia (la) Un grupo de gente que va a poblar un nuevo lugar.
Europa Uno de los siete continentes.
financiero Que tiene que ver con el dinero.
frenesí (el) Actividad desenfrenada.
oficial (el, la) Persona encargada de tropas de un rango inferior.
voluntario (-ria) Persona que trabaja gratuitamente. Aquel que se
   alista libremente en el ejército.

SITIOS WEB

Debido a las constantes modificaciones en los sitios de Internet, Rosen Publishing
Group, Inc. ha desarrollado un listado de sitios Web relacionados con el tema
de este libro. Este sitio se actualiza con regularidad. Por favor, usa este enlace
para acceder a la lista:

http://www.rosenlinks.com/fpah/jsut

INDEX

ABOUT THE AUTHOR

Chris Hayhurst is a freelance writer living in Colorado.

ÍNDICE

ACERCA DEL AUTOR

Chris Hayhurst es escritor independiente. Vive en Colorado.